「人間学概論」講義

の探究

A LECTURE ON AN OVERVIEW OF HUMAN STUDIES

大川隆法
RYUHO OKAWA

HSU

まえがき

一連の「幸福学」研究をやっているうちに、とうとう「人間の定義」や「人間学」にまで言及することになってきた。ある意味、運命のイタズラで、「幸福の科学大学」の建立《こんりゅう》を目指したがゆえに、「幸福の科学」の教えを、学問の側から光を逆照射して、比較分析する作業が続いている。大変ではあるが、別の面からは私はこれを愉《たの》しんでいる。

膨大《ぼうだい》な説法や書籍群を世に放《はな》った責任者として、学問的整理をするのは私自身の義務でもあるし、後世の者たちへの大切な贈り物ともなるからだ。

医学の研究やロボット工学の研究の進歩した現代であるからこそ、「魂」の問題も学問的に論じられ、研究されるべきだと思う。かつて、ソクラテス、プラトン時代に当然として語られ、釈迦の教えでも「業《カルマ》」を認める以上、その主体としての「魂」があるのが当然なのに、現代では哲学は、数学や記号論理学の親戚《しんせき》となり、仏教学は無神論・無霊魂説を強調しはじめている。

今一度、「原点」に戻るべきだ。

二〇一四年　八月二十七日

幸福《こうふく》の科学《かがく》グループ創始者兼総裁《そうししゃけんそうさい》

幸福《こうふく》の科学大学創立者《かがくだいがくそうりつしゃ》　大川隆法《おおかわりゅうほう》

「人間学概論」講義　目次

「人間学概論」講義
――人間の「定義と本質」の探究――

二〇一四年八月二十四日　説法
東京都・幸福の科学　教祖殿　大悟館にて

4

5

「人間学概論」講義

――人間の「定義と本質」の探究――

二〇一四年八月二十四日　説法

東京都・幸福の科学　教祖殿　大悟館にて

1　「人間の定義」や「人間学」をいかに考えるか

「人間学部」という名称の学部は、いろいろな大学にある

最近、幸福学に関しての話をいろいろとしています。

私たちが目指している学問として、「人間幸福学」と名付けているものがありますが、文科省側から、まあ、審議会を通じてでしょうが、「幸福の定義や心の定義が要《い》る。幸福学概論のようなものが要る」など、いろいろなことを言ってきました。

もしかしたら、「人間の定義や人間学についてどう考えているのか」ということも言ってきかねない感じが少しするので、このあたりについての考えを述べておきたいと思います。

一般の大学には、「人間学部」というのはあまりないのかなと思ったのですが、いろいろな大学で、学部名の改称等をやっているようで、調べたところ、京都大学には、「総合人間学部」と言って、旧教養部、リベラルアーツ中心の学部があります。

ほかにも、「人間学部」という学部は、名城《めいじょう》大学や文教《ぶんきょう》学院大学にもあるようです。それらは、一般には、「心理学や教育学や哲学を中心にして、人間存在を、どちらかと言うと、肉体的側面から科学的に探究している分野・ジャンル」と言われています。

あとは、大阪大学にも「人間科学部」という学部があります。この学部のもとが何であったのかはよく知りませんが、やや流行《はや》りと言えば、流行りかと思います。

そう言えば、人文学部も、「人文科学部」というように、社会科学に対抗して、科学という言葉を使いたがる気《け》はあるようです。

幸福の科学も、宗教にしては、科学という言葉を使いたがる気はあります。

世間では、科学というのが、肉体を中心としたものを研究することを意味しているのか、それとも、それ以外のものも入っているのか、やや微妙《びみょう》なところではありますが、今回は、私の考えを中心に述べていこうと思います。

外見《がいけん》からは人間を定義することはできない

一般に、「人間の定義を述べなさい」という問いを出題されたら、これだけでも、けっこう難しいと思います。哲学のテーマにもなりうるでしょう。「人間を定義せよ」という問題は、「一年前に出しておいて、学年末にようやく、答えることができるかどうか」というような問題になるかもしれません。

人によっては、人間の定義を外見《がいけん》から言うかもしれません。「頭が付いていて、前が顔で、髪の毛がある。右手と左手があって、胴体《どうたい》があり、右足と左足があって直立歩行《ちょくりつほこう》し、たいていの場合は言葉をしゃべったり、人の言葉を耳で聞いたりして、何らかの活動をしている」という感じに、外見上は見えるかももしれませんが、これでは定義したことにはならないでしょう。

例えば、サメに片手を食べられても、人間は人間です。以前、「ソウル・サーファー」という映画がありましたが、片手を失っても、人間は人間だし、地雷原《じらいげん》で地雷を踏んで片足がなくなったとしても、人間は人間です。

また、生まれつきもあれば、事故もあります。あるいは、戦争等で脳に損傷《そんしょう》ができたり、目を失ったり、ボクサーでも鼻が潰《つぶ》れたりしますが、鼻を傷《いた》めたり、口のところに障害ができたり、いろいろなものが欠けたり、ヤクザと抗争して指を詰められて指の本数が足りなくなったりしても、やはり、人間は人間なので、「外見だけで定義できるか」といったら、できはしないのです。

人間と同じ外見のものをつくっても、「人間」とは言えない

さらに、外見を人間の一般的な形につくることができたからといって、それを「人間である」とは言えません。

今、人型《ひとがた》ロボットのようなものの開発が進んでいます。人型ロボット、サイボーグなどを限りなく人間に近づけていこうと努力しているし、動き方も、ロボット的な動きから、だんだん、人間型の曲線的な動きや、揺《ゆ》らぎのある動きができるようにつくられてきています。

特に、東日本大震災《だいしんさい》以降、普通のロボットの歩き方だと、瓦礫《がれき》の山のなかを歩いたり、階段を下りたりすると、転倒して引っ繰り返ってしまうため、人間

のように歩いていけるようなロボットの開発が盛《さか》んです。

同じように、宇宙で星の探検をする際に、人間のように動けるロボットが開発されてきています。

そういう意味で、人間とロボットは、未来においては、ずいぶん接近中であると思います。

アニメでは、「ドラえもん」があります。あれは、ネコ型ロボットということになっていますが、あのように、顔が真ん丸で耳がなく、髪の毛がない人間はいるかもしれません（笑）。ありうるでしょう。ないとは言えません。

「機械なのに、どら焼きを食べる」というのは、さすがに理解不能ですが、食べさせようとして、そういう機能をつくれば、食べることはできるでしょう。人間のように排泄物《はいせつぶつ》にならず、どう処理されるのかは知りませんが、未来型燃料として、どら焼きをエネルギーに変える仕組みをつくれば、ガソリンや電気を使わなくても、どら焼きで動くロボットもつくれないわけではないかもしれません。

ドラえもんは、話せるし、感情も持っています。人間より優れた面もあり、いろいろな道具を出すことができます。発想力も豊かですし、次元を超えたり、過去・現在・未来という時間の流れを超えたりする道具を持っているので、人間的なものを外《はず》したら、ある意味で、神に非常に近いような存在なのかもしれないと思います。

そういう意味では、人間とロボットとの境目《さかいめ》は極めて難しくなってくるという気がします。外見だけでは言えないのです。

ロボットでも感情を持てば、人間と言えるのか

学問には、動物学や植物学、鉱物学もあるので、「人間学」があってもよいし、人間を取り巻いている自然環境はいろいろと研究されているので、「人間の研究」という意味では、学問というものが地上にある限り、終わりはないと思います。

ただ、人間のどこを研究するかということは、いろいろとあるでしょう。体を研究するのは医学かもしれないし、他の学問もいろいろとあるだろうとは思います。「脳の機能」と称して、それを調べる学問もあるでしょう。今、「心理」という言葉で呼ばれていますが、人間の感情にかかわるようなことをいろ

いろと調べる学問もあると思うのです。これに関して言えば、以前、未来を描いた映画に、「ロボットが限りなく人間に近くなり、そっくりになっていく」というものがありました。

研究の方向として、そうなると思いますが、その映画では、人間そっくりになったロボットが「人間と結婚したい」と言い出します。しかし、「ロボットが人間と結婚するのは認められない」ということで、評議会からなかなか許可が下りず、「人間である条件はいったい何なのか」ということが議論になります。そして、「感情があることが、人間である」というような定義になり、感情が出てきたということで、結局、人間世界入りを認められるのです。

ロボットが人間と同じ機能を持つことは可能かもしれませんが、このように、人間であることの根拠を「感情の存在」に求めた映画もありました。

確かに、ロボットでも、ある意味で、感情に似た反応ができることはできます。例えば、愛嬌《あいきょう》のようなものを振りまける犬型ロボットもつくられているので、感情に近いものは、ある程度、仕組むことはできます。喜怒哀楽《きどあいらく》ぐらいなら、仕込めることは仕込めると思うのです。

また、言葉では、翻訳《ほんやく》ロボットもあるので、人間より英語ができるロボットもすでに存在はしています。

ですから、人間の研究には、極めて難しいところはあります。

小説の題材にもなった、「クローン人間は人間か」という問題

一方、五歳のときに日本からイギリスに移ったカズオ・イシグロ氏が書いた

小説に、臓器移植《ぞうきいしょく》用につくられたクローン人間の話があります。

書き方が独特の文体ですが、それはこういうストーリーです。主人公は、何か変な感じのする学生生活を送っているのですが、結局、大人になるまで、臓器移植用に育てられているクローン人間なのです。本当は人間とは認められていないのですが、クローン人間用の学校で教えている先生は、だんだん情《じょう》が移っていって、かわいそうに思うようになります。

そして、子供のほうも、その真実が分かってくると、「助けてほしい」という感じになってくるのですが、結局何かというと、「クローン人間は、遺伝子操作で生まれた人間で、臓器移植用につくられた豚などのようなものだから、魂《たましい》がない」ということになっているわけです。

「動物にも魂があるかどうか」は、西洋と東洋で考えが異なる

『旧約聖書』によれば、人間は、土をこねて創られたものかもしれませんが、そこに神が息を吹き込んで魂が宿り、人間になったということになっています。

そのため、キリスト教圏においては、「人間には魂がある」ということになっていますが、それに対して、動物についての言及がないがゆえに、「動物には魂がない」と思われています。

一方、東洋系には、「動物にも魂がある」と考えている宗教は、けっこうあります。インドもそうですし、日本もそうです。日本人の場合、「動物にも魂がある」と思っている人は多いのではないでしょうか。

ところが、西洋のほうでは、「人間にしか魂がない」と思われていることが多いのです。西洋人は、牛肉でも豚肉でも問題なく平気で食べられるわけですが、それは、「魂がない」と思っているからでしょう。

ただ、「動物には魂がない」と言っても、哺乳類《ほにゅうるい》で、知能指数が高いものになってきたら、「魂があるのではないか」と思うらしく、クジラの捕鯨《ほげい》とかイルカ漁《りょう》とかに対しては、反対する人も出てきています。「哺乳類で、人間に近い感情と知能を持っていて、さらに、会話もしているらしい」ということで、もしかしたら魂が存在する可能性があると思うのかもしれません。

反対されて、今度は、日本人のほうが困ってしまうようなこともあります。「私たちは、『動物にも魂がある』と思って、感謝しながら食べているのに、なぜ、牛や豚は食べてよくて、イルカは食べてはいけないのだ」ということで、揉《も》めたりすることもありますが、こうした魂の存在のところは、オリジナルの宗教で説かれていなければ分からないことではあるでしょう。

宗教的に見れば、肉体には「魂」が宿っていると言わざるをえない

試験管のなかで人間がつくれるように、だんだん近づいてきていますが、これから、「クローンは是《ぜ》か非か」ということが大きな問題になってくると思います。クローン型人間や、人間にそっくりのロボットが、近い将来に誕生してくると思われるので、この「人間の定義」は非常に難しいところになるでしょう。

肉体部分だけを探究したら、人間を定義することは困難かと思いますが、外

見上は、今述べたように、「直立歩行して、手が二本・足が二本あり、顔があり、眉毛《まゆげ》と目が二つずつ、鼻が一つ、鼻の穴は二つ、口は一つで食物《しょくもつ》を食べて、雑食性である。そして、昼間を中心に活動し、夜には、七、八時間は寝なければいけない。一般的には男女の性別があって、男女の間で結婚するという儀式を通して、子供ができる。そのような存在である」と言えるかと思います。

ただ、肉体は、そうしたロボット的な機能は持っているかもしれませんが、タンパク質とカルシウム（骨）でできた〝ロボット〟は、つくろうと思ってつくれるものではありません。今の人間の技術では、そう簡単にはつくれないのです。

そして、宗教的に見れば、タンパク質とカルシウムできた〝ロボット〟であるにしても、「そのなかには魂が宿っている」と言わざるをえないのです。

「魂の起源」「死後の世界」の説明が十分ではないキリスト教

魂について、キリスト教側では、「神は、土をこねて人体様《よう》のものをつくり、そこに息を吹き込んだ。神のエネルギーの一部というか、生命の一部を吹き込んで、人間ができた」ということになっていますが、それ以上の説明がなく、結局、魂の発生、あるいは魂の起源についての説明が十分にありません。

そのため、西洋人の場合、「人間には魂が宿っている」と思っている人は多いのですが、現実に医学が進み、受胎《じゅたい》ということがはっきりと分かってきたら、「精子と卵子が合体して受胎した段階で、小さな魂が芽生《めば》え、胎児が大きくなるにつれてその魂も成長し、生まれてからあと、成人していくにつれて、魂も大きくなっていく」というように捉《とら》えている人が多いようです。

そして、死後の世界を信じているかどうかにもよりますが、伝統的なキリスト教徒であれば、「死後の世界はあり、この世での生き方によって、行くところが分かれる。すなわち、キリストの門をくぐる信仰を持っていれば、永遠の生命を得て、あの世で生きていける。しかし、この世で信仰を持たなかったり、神が許したまわないような極悪非道《ごくあくひどう》な生き方をしたりした場合は、地獄というところに堕《お》ちる」ということを信じています。

ちなみに、キリスト教で言う地獄は、東洋や日本の地獄とは違い、いったん堕ちたら永劫《えいごう》出てこられない、無限の、永遠の地獄です。入ったらもう出てこられないわけです。

そういうことで、今の西洋人には、「魂は、受精卵のあたりから発生する」

と考えている人がどうも多いらしいのです。また、伝統的には、「死んだあとは、天国に行く人と地獄に行く人とに分かれ、天国は永遠の幸福だが、地獄へ行ったら、もう二度と出られない」というような感じになるわけです。

イエス出誕《しゅったん》以前の人を救うため、「煉獄《れんごく》の思想」が出てきた

この考え方は、キリスト教徒がヨーロッパに布教《ふきょう》していくときに、問題になりました。ローマは、カエサルの時代、ゲルマンのほうを侵略し、支配していきました。その後、キリスト教がローマの国教になると、キリスト教徒がヨーロッパを統一していくわけですが、すると、宗教のところがだんだん問題になってき始めたのです。

というのも、キリスト教が確立してからの教えによれば、イエスを信じなければ天国に還《かえ》れないことになっています。ところが、イエスは、今のところ、紀元前四年ぐらいに生まれた人ではないかと言われており、今から二千年少し前に生まれた人です。

要するに、ゲルマンの森に住んでいる人たちは、「それからあとの人は、イエスを信じれば救われるかもしれないが、それ以前の先祖《せんぞ》はどうなるのか」という疑問を持つようになったのです。ゲルマン人というのは、今は先進国になっている西ヨーロッパのあたりに住んでいた、かつての野蛮人《やばんじん》のことです。

そこで、キリスト教会は困り、天国でも地獄でもないところをつくらなければいけなくなって、「煉獄《れんごく》」という思想が出てきました。

実に珍しい思想ですが、「キリスト出誕《しゅったん》以前に生きていた人たちは、地獄に堕ちているのではなく、煉獄という中間地帯のところで迷っている。だから、子孫がキリスト教信仰に目覚め、きちんと祈っていれば、死んだ彼らもそれを信じるようになって、天国に還れるのだ」というような思想を編《あ》み出したわけです。

渡部昇一《わたなべしょういち》氏も、著書のなかで、「もともとなかった煉獄の思想というものが、後世《こうせい》、出てきた」ということを述べています。

そして、東洋で言う地獄は、この煉獄に相当《そうとう》するものと思われます。東洋では、「地獄へ行っても、改心したり、反省したり、罪滅ぼしをしたりすれば、天国に還れる」という思想がほとんどなので、基本的には、煉獄に当たるのが、東洋の地獄であると言えます。

「永遠に天国に上がれない」となると、いわゆる悪魔、大《だい》サタンになっている人たちに当たります。サタンはそう簡単には地獄から出られないので、この部分だけは、西洋的な文脈での、いわゆる地獄領域になるかもしれません。

2 人間とは、「魂《たましい》と肉体が合体した存在」

人間の本質にアプローチできていない現代の学問界

魂《たましい》の領域というのは、本に書いた学問としては、なかなか研究することはできないし、理科の実験をしていても、やはり、魂の研究はそれほど簡単ではありません。

最近、東京大学医学部の教授で、救急医療をしている人が、「死後の魂はある」というようなことを本に書き、ベストセラーになっていますが、医学部の本流のほうは、やはり、唯物論中心に動いているでしょうし、薬剤を使うことについても、「『物《もの》』対《たい》『物《もの》』で効果がある」という考えを持っているでしょうから、魂と肉体との関連は、医学的には十分に解明されていないと思います。

せめて、深層心理学のところで、霊界とやや似た現象が数多く出てくるので、「そのあたりの解説は十分ではないものの、それらしきものとオーバーラップする面は出てくる」というところでしょうか。

ただ、霊界や魂の話を出すと少々非科学的に見えるので、そういう心理学をしている人でも、あまりそれに触れたがりません。

また、仏教学や宗教学を教えている人にも、「学問的であるように見せたいので、できれば、魂や霊について触れたくない」というところがあります。

例えば、仏教に対して、カントの流れを汲《く》む新カント派の考え方に則《のっと》って、魂や霊の側は扱わず、「考古学《こうこがく》」的に扱うわけです。経典《きょうてん》を資料として扱い、古いものほど信頼性があると考え、古い層の経典から翻訳《ほんやく》していって、仏陀の生涯《しょうがい》についても、どちらかと言えば、哲学的あるいは道徳的なものにしようとする傾向が出てきています。

仏教学者や宗教学者をしている人は、自分が魂や霊魂《れいこん》の話をすると、職業的に恥ずかしいのだろうと思います。

学生あたりから、「先生は見たことがあるのですか」「迷信《めいしん》ですね」などと言われるのも恥ずかしいし、おそらく、社会人として活動していて、「どのようなことを教えているのですか」と訊《き》かれたとき、「仏教学です」とか「宗教学です」とかと答えて、「では、あの世の話や霊魂の話を研究しているのですね」「夏になると、あの世の怖《こわ》い話のシリーズがよく出ますね」などと言われると、少し居心地が悪くて恥ずかしいのでしょう。

「魂や霊の話をすると、学問をやっている近代的な人間と思われないのではないか」と思って、「なるべくそれから離れ、できれば、文献学的なところや、年代考証、時代考証、生活様式、古代の言語学的なものに逃《のが》れたい」という気持ちが強いのではないでしょうか。

そういう意味で、肝心《かんじん》な、本質的なところについてのアプローチは、十分ではないと思います。

この程度の仏教学や宗教学であるなら、先ほど述べたように、ロボットが「人間として結婚したい」などと言い出したとき、それを認めるかどうかの基準を出すことは、おそらくできないでしょう。

勇気を持って、「人間とは何か」を定義すべき

また、前述したように、クローン人間として育てられている子供たちの小説もあります。

彼らは、成長すると学習を開始し、本を読んだり絵を描《か》いたりするし、情操《じょうそう》教育らしきことも受けます。教えている先生から見ると、どうしても、その子たちに感情が芽生《めば》えてきているように見えるのですが、「クローンだから、魂はないはずだ」ということで、ある日、クラスメイトが急にいなくなるのです。順番に連れて行かれて、実は、臓器移植《ぞうきいしょく》用に、どこかの臓器が取られていくのです。

これは、英語で書かれた小説で、『ネバー・レット・ミー・ゴー（わたしを離さないで）』という題だったと思います。

渡部昇一《わたなべしょういち》氏は、その本を英語で読んだとき、意味がなかなか分からず、「いったい何が起きているのだろうか」と思いながら読み進めたそうですが、最後のほうになって、「どうやら学生たちはみなクローンでつくられた人たちで、魂がないので臓器移植用に養成されている」という話であることが分かったそうです。

彼らは、大人になるまでの間、一応、幼稚園時代のお絵描きや遊びから始まって、小学校からは基本的な勉強も教わり、高校生ぐらいに育ってくると、よさそうな人からだんだん抜かれていって、臓器移植に消えていきます。

主人公は、そういうことを知って、先生のところに行き、「先生、助けてください。僕たちはまだ死にたくない」と言うのです。そして、「これを助けてあげられないのか」という感じの話になっていくのです。

渡部昇一氏は、英文学者、英語学者ですが、それが分からなかったらしいのです。最初から「donation《ドネーション》」という英語はバンバン出てくるのですが、これは、普通、「寄付《きふ》。寄贈《きぞう》。人にあげること」という意味です。

小説では、学校生活を描きながら、「donation」という言葉が何度も出てくるのですが、それについては何も説明がないし、いくら辞書を引いても、適切な意味がないので、渡部氏は、「分からないな。『何かの donation をしなければいけない』ということをよく言うが、何なのだろう」と思ったそうです。

英語学者でも、最後のほうまで読み終えないと分からなかったようですが、結局、「臓器を人にあげる」ということを「donation」と言っているわけです。

これは、言われてみれば分かるでしょう。

今でも、臓器移植で、献体《けんたい》の一部として、心臓などの臓器をあげる場合、英語では「donation」と言います。ただ、小説では、生きて活動し、勉強している生徒たちが、「donation」の話をしていたため、渡部氏は、どうしても意味が分からなかったらしいのです。

「最後のほうまで読まないと分からなかった」というのは、若干《じゃっかん》、気づくのが遅かったかもしれないなと思いますが、結局、魂の有無《うむ》が問題であり、「臓器移植用につくられた人たちは、魂がないと思われている」ということです。

これが、近未来型小説として書かれていました。「感情が芽生《めば》えてくるので、それでも魂がないと言えるのか」ということで、先生がたが苦しんでいくところが描かれていたと思います。私は、英語でも日本語でも読んだ覚えがあります。

そういうことで、「人間の定義」は、これからますます難しくなっていくと思います。

その意味で、やはり、勇気を持って、「人間とは、魂と肉体が合体した存在として、この世で、人生修行を送っているものである。前世《ぜんせ》から、この世に生まれてきて魂が宿り、人生修行をして、あの世に還るものである」と定義することが必要になると思います。

動物などの魂が、人間として生まれ変わることもある

「場合によっては、『人間』に宿るときに初めて、『人間の魂』として宿る場

合もありうる」ということが、私たちの幾《いく》つかの研究の結果から出てきているので、このあたりのところは、定義として、やや難しくなるかもしれません。

これは、正当な科学的研究としてもありませんし、普通に認められている大きな宗教での研究としてもありませんが、一八〇〇年代後半ぐらいから始まった「神智学《しんちがく》」という、霊能力を駆使《くし》する、やや神秘的な学問によれば、「動物たちも、最高度に進化していくと、人間に転生《てんしょう》してくる」ということが言われています。

「動物たちの魂は、まずは一般の野生動物から始まって、やがて、人間に飼われる家畜やペットに生まれ変わっていき、人間と共に行動をし、人間の生活を観察するようになる。こうした動物は、かなり人間に近い感情を持ち、人間の生活様式を勉強しているので、そのなかから、人間に生まれ変わってくるものが出てくる」ということです。

魂的に見て、人間にいちばん近く、人間に生まれ変わりやすいのは、一般には「猿《さる》ではないか」と思うかもしれませんが、残念ながら猿ではなく、「犬である」ということが、神智学のほうでは言われています。

確かに、猿は動物園にいますが、人間の家にはほとんどいません。サーカスにはいるかもしれませんが、家にはいないのです。

一方、犬は、家で飼われているし、人間の感情をかなりよく理解するし、「鳴《な》き方など、三百ぐらいあるらしい」ということで、犬の言葉の翻訳機械まで売っているところもあります。本物なのか詐欺《さぎ》なのかは私にはよく分かりませんが、愛犬家であれば、犬の言葉を聞き分けられるのかもしれません。「多少、意味が分かる」というのは分かります。

それは、犬だけではありません。私のところでは、ウサギもたくさん飼っていますが、ウサギの知能にもよるのですけれども、最初の頃に飼ったウサギは、幾つかの人間の言葉を聞き取っていたのを覚えています。「餌《えさ》」とか「藁《わら》」とかいう言葉を聞き逃していなかったのです。「藁」とか「餌」とか「ニンジン」とかと言うと、パッと反応していたので、そのくらいは分かったようです。

今、たくさんいるウサギは、あまり理解しているようには見えないので、知能に差があるのかもしれません。あるいは、最初は一匹だけ飼っていた状態だったので、たまたま接触度が高くて、よく分かったのかもしれません。

そのあたりは分かりません。ただ、三百語は理解しないかもしれませんが、ウサギあたりでも、ペットとして飼っていると、数語ぐらいは理解する可能性はあります。

また、言葉は話せませんが、人間の行動をよく見ているので、感情的には、もっといろいろなものについて理解している可能性もあると思います。

そういうことで、神智学的には、犬が最高度に進化しているとのことです。昔、「名犬ラッシー」という物語が流行《はや》りました。ラッシーという名のコリー犬が、救助犬のように、川に落ちた子供を救ったり、犯罪から人を守ったりするような話です。

若い人が生まれる前の話なので、知らない人も多いかもしれませんが、神智学のほうでは、「名犬ラッシーのような犬が、人間として生まれ変わったときは、意外に底辺レベルで生まれたりせず、立派な人間として生まれ、英雄《えいゆう》のような感じで生きることもある」というようなことを言っています。これは、彼らの、さまざまなリーディング（霊査《れいさ》）の結果なのかもしれません。

人間と動物の〝距離〟がわりに近い日本

ただ、西洋社会ではまだ、「動物が人間に生まれ変わってくる」ということは一般的には認めていないのではないかと思います。

しかし、東洋のほうでは、わりにそういう話はありますし、動物と人間との〝距離〟はかなり近いです。

日本の物語には、「鶴《つる》の恩返し」というものがあります。助けてもらった鶴が恩返しをしたくて、美しい人間の女性に生まれ、まあ、本当は化《ば》ける話だったかもしれませんが、独身でかわいそうな漁師《りょうし》の女房《にょうぼう》になってあげて、恩返しをするという話です。

「女房は年を取らないし、いつも透《す》き通《とお》るような白い肌をしている」というような設定だったと思いますが、あるとき、漁師は、「機織《はたお》りをしているところだけは見ないでほしい」と言われます。これは、昔話によく出てくるタブーです。しかし、「見ないでほしい」と言われたら、どうしても見たくなるのが人情《にんじょう》で、そのタブーを犯《おか》したとき、神話が破れて終わるのです。これが日本のパターンです。

そして、とうとう覗《のぞ》いてしまったところ、女房は、鶴の姿になって織っていたのです。やせ細った鶴が、自分の羽根《はね》を抜いて反物《たんもの》を織り、「これを町に売りに行って、お金に換《か》えてください」と言って、恩返しをしていたわけです。そういうことが最後に分かるという物語がありました。

そういう意味で、日本では、人間と動物との〝距離〟はわりに近く、こうした生まれ変わり譚《たん》もけっこうあります。

それから、これは日本特有かもしれませんが、昔は、狸《たぬき》や狐《きつね》等が人間を化かすという話もあったし、狸憑《つ》きや狐憑きのような話も、民俗学的にも宗教的にもありました。ですから、日本には、動物に対して、「極めて人間的感情を持ったもの」、あるいは「そうした考え方を持ったもの」というイメージはあるのです。

子供のとき、父から聞いた「狸《たぬき》に取り憑《つ》かれた人の話」

これは、私の父・善川三朗《よしかわさぶろう》から聞いた話です。

父は、若い頃、学校の教師として、三年ぐらい、国語を教えていたことがあるのですが、あるとき、生徒が、行儀《ぎょうぎ》の悪いことに、木造校舎の二階の窓から、おしっこをしたらしいのです。

たまたま、その下を、狸が実際に通っていたのか、それとも、狸の霊体《れいたい》が通っていたのかはよく知りませんが、「おしっこをかけられた」ということで、狸が怒《いか》り心頭《しんとう》になり、その生徒は、狸に取り憑かれて発熱し、ウンウンと苦しんで、生きるか死ぬかの大騒動《おおそうどう》になったそうです。

そこで、行者《ぎょうじゃ》を呼んで調べてみたら、「狸が取り憑いている。おしっこを引っかけただろう」と言われ、実際にその行為があったので、「ああ、そのとおりだ」ということで、「狸が崇《たた》ったのだ」と信じられた話があったそうです。そういう話を聞いた覚えがあります。

これが、父本人の体験ではないことを祈りたいと思います（笑）。話が変形されていて、実は、本人の体験であった可能性もないわけではないのですが、他人の話として聞いておきたいと思います。

私にも、似たような体験がないわけではありません。徳島県でいちばん高く、四国で二番目に高い、剣山《つるぎさん》という山があるのですが、その山頂に祠《ほこら》があります。そこで、何かを祀《まつ》っているのですが、それが何であるかは覚えていません。石を積んだものや、何かお地蔵《じぞう》さんのようなものがあったかどうかも覚えていないのですが、祠があったと思うのです。

祠では、当然、不敬罪《ふけいざい》を犯してはならないでしょうが、私は、中学生だったこともあって、その祠のあるあたりで、おしっこをしてしまったのです。本当はいけないことですが、福沢諭吉《ふくざわゆきち》よろしく、「祟りなんてあるものか」と思っていたところがあったのだと思います。

そのときは、合宿だったので、山に泊まってから帰りました。そこでは、何か虫に刺《さ》されたような覚えは、自分としてはなかったのですが、下山《げざん》したあと、額《ひたい》に急におできができ、腫《は》れてきたのです。

町医者に行って、診《み》てもらったところ、「分からないが、山登りをしたから、おそらく毒虫に刺されたのだろう。それで腫れたのだろう」と言われ、消毒をされて何かを貼られ、腫れが引くまで、何日かヒイヒイ言った覚えがあります。

普通は、毒虫に刺されたら、すぐ反応が出てきて、赤くなって腫れると思うのですが、下山したあとに腫れてきたので、「時差があるのはおかしい。そんな潜伏《せんぷく》期間などあるのだろうか」と思って、私にも理解不能でした。自宅では、そうなることはありえません。転んで、頭にたんこぶでもつくらない限り、ありえないので、「ああ、剣山でのあれが祟ったのかな」と、中学時代に思ったことがあります。

田舎《いなか》では、〝柳田國男《やなぎたくにお》の世界〟はまだまだ続いていて、似たような話は、ほかにも、あちこちにあることはあります。

3 物質化現象・霊言《れいげん》・人魂《ひとだま》から「魂《たましい》の存在」について考える

宗教ではよく起きている、霊界からの「物質化現象」

現代人は、魂《たましい》の研究については、「医学的でもないし、科学的でもない」ということで非常に嫌がるでしょうが、科学も進化してきたら、その力を総動員し、何とかして魂の存在について確かめなければならないと思います。

素粒子《そりゅうし》物理学では、宗教のほうで説いている「魂や霊体《れいたい》の物質化現象」と極めてよく似た現象が起きていますが、宗教では、「あの世から物質化して、物が出てくる」という物質化現象の話がよくあります。

・物質化現象①　空中から金粉《きんぷん》が降ってくる

例えば、空中から金粉《きんぷん》が降ってくることもあります。降ってきた金粉を顕微《けんび》鏡《きょう》で調べた人もいて、「確かに、金と同じ成分と結晶だった」と言っていますが、降ってきた金粉は、たいてい、短ければ一日や三日、長くても一週間ぐらいで消えてしまうのです。

幸福の科学の初期の頃も、いろいろなところで金粉がよく降りました。研修会では、私が説法をすると金粉が降ることが多く、なかには、「研修を受けて帰ったあと、家の植木鉢《うえきばち》に金粉が降っていた」という人もいました。そういう金粉現象がよく起きていたと思います。今では、金粉だけではなく、病気が治るという現象もよく起きています。

「霊的な世界からの物質化現象が起き、そして、現れたものが、ある日、消えていく」というのは、まことに不思議です。「この世に現れては、消えていく」という現象が起きることが、宗教的には、現象例として報告されているのです。

金粉等は、ずっと保存ができないので、証拠《しょうこ》ではなくなっていくのが残念です。写真で撮《と》ったとしても、証拠にはならないでしょう。この世にあるものを撮ったと思われるかもしれないので、なかなか証拠にならないのです。

・物質化現象②　足から〝石ころ〟が出てくる

また、当会の、ある若い女性編集局長は、以前、足から〝石ころ〟が出てきたそうです（『宇宙人リーディング』〔幸福の科学出版刊〕参照）。

私も実際に見たわけではないので、信じるしかないのですが、当会に勤めて編集局長をしている人なので、こうした神秘現象が起きてもおかしくないでしょうし、そういう人もいるだろうとは思います。

ただ、物質化現象としては、やや珍しいケースではあります。「足から〝石ころ〟が出てきた」と言っていましたが、疑ってはいけないでしょう。そう受け取るしかないと思いますが、そういうことも、あるいは、あるのかもしれません。

・物質化現象③　空から御札《おふだ》が降ってくる

また、江戸時代の終わり、幕末、江戸幕府が滅びる前には、空から御札《おふだ》がたくさん降ってきたという話もあります。

お伊勢《いせ》さん（伊勢神宮《じんぐう》）あたりから、順番に、江戸に向かって降ってきたという話もあるので、屋根の上から、誰か、鼠小僧次郎吉《ねずみこぞうじろきち》風の人が撒《ま》いていたのかもしれませんが、「世の中が変わるぞ」というような言葉が書いてある、お伊勢さんの御札風《ふう》のものが降ってきたという話が遺《のこ》っています。

これについては、それほど証拠があるわけではありませんが、話としては遺っています。あるいは、そうしたお立て直しを狙《ねら》っている人たちがやっていたのかもしれません。

「怪異《かいい》現象」と「電気系統」には深い関係がある

こういう現象は、誤解やトリックが付き物だろうと思いますが、そのなかには、否定できないものもあるのではないかと考えています。そういう部分はあるけれども、何とかして、魂なるものの存在を解明したいものです。

いろいろな宗教が報告しているものを読むと、特に「電気系統」が、どうも関係が深いようです。「怪異《かいい》現象が起きるとき、電気系統に何らかの反応が出る。電気が急に切れたり、動かなくなったりする」ということがよく報告されています。

私も経験がたくさんあります。まさにそのとき、その瞬間に、電気がバチッと切れたり、エレベーターが停まったりするようなことがたくさんあります。人が亡くなったときに多く、亡くなったのと同じ時刻に、電気が消えたり、エレベーターが停まったりするようなことがよく起きるのです。

これは、ユング心理学の「共時性《きょうじせい》」に当たるものでしょうが、まだまだ未開拓の領域はあると思います。

「霊的存在」の証拠《しょうこ》として取り組んでいる「公開霊言《れいげん》」の収録

人間を定義することは難しいのですが、宗教は宗教なりのアプローチを、あまり臆病《おくびょう》にならずにやるべきであると思います。また、宗教だけではなく、ほかの学問も動員して、「人間とは、いったい何なのか」ということを研究していく必要はあるでしょう。

例えば、医学的には、人間の機能はだいたい脳のほうに集約されていると考えられていると思います。「脳での判断や、脳を中心として起きる感情が、心である」と思われていることが多いでしょう。

しかし、私は、霊言《れいげん》集というものを出しています。これはビデオにも録《と》っているし、公開で大勢の人の前で、すでに何百回もしているので、トリックかどうかは、見ている人たちの多くが判断していることだと思います（注。ここ五年ほどで、二百七十冊以上もの霊言集を刊行）。

霊言というものを、私は「実体験」としてやっていて、「私自身の考えや心や魂ではなく、他の人格を持った人の霊が私のなかに入ってきて、その人の人格での言葉を話す」ということを実体験しているのです。

これを、医学的にどう説明するのかは知りません。病気の一つとして、人格の変化とか、多重人格とか、そういうことは現象的にはあります。なかには、二十四人の多重人格というケースも報告されていますが、一般的にそれは憑依《ひょうい》であると私は思います。

いろいろな霊に憑依されている状態であり、取り憑いている霊が交替《こうたい》で出てくるのだろうと思うので、私のように、意識的にコントロールして、霊を呼んだり出したりしていることとは同じではないと考えています。

人格が変わる現象自体は、心理学的にも医学的にも認定されていて、人格が変わることについて、「いろいろな人格が住んでいる」という表現を使うことはあっても、「いろいろな魂が住んでいる」という表現には、なかなか、すっとはつながらないものがあります。

「何らかのかたちで、脳に異常が起きて、そういう現象が起きる」と思っているのかもしれないし、「自己催眠《さいみん》にかかって、人格が変化した」と思っているのかもしれないし、あるいは、「トリック的に人を騙《だま》そうとしている」と思っているのかもしれません。

腹話術《ふくわじゅつ》の名人になると、一人で二役をやっているし、落語家《らくごか》や漫才師《まんざいし》でも、一人で八《は》っつぁんと熊《くま》さんの二役をやっています。そのようにモノマネをする人もいるので、「そういうかたちでやっているに違いない」と思う人もいるかもしれません。

ただ、実体験として、三十年以上、霊体験を重ねてきた者として、私は、「霊的存在がある」ということは否定できません。その証拠として、ビデオやCDや本など、いろいろと出し続けているつもりです。反復性《はんぷく》もあり、継続性もあり、繰り返し実験できるというところは、そのとおりです。

ただ、カメラに映るものとしては、この世にある人体以外は映ることができないため、「内容で見て、判断できるかどうか」ということにかかっているわけであり、最後は、やはり、〝飛び越さなければ〟いけない部分は残ると思います。

霊言というかたちで、私の口を通して語れば、声は、私の声に聞こえるでしょうが、活字に起こしてみると、話している言葉は、明らかに、ほかの霊とは違う言葉が出てきています。立場の違う霊は、まったく同じことを言うわけがないというか、全然違うことを言うし、男性霊と女性霊でも違いが出てきます。

もちろん、霊言をしているうちに〝混線〟してきて、男性霊から女性霊に変わると、女性の言葉に変わることもあるし、女性霊の霊言をしていて男性霊が入ってくると、男性の言葉に変わることもないわけではありません。直接的な証拠とまでは言えないかもしれません。しかし、積み重ねがこれだけできると、間接的かもしれませんが、証拠としては、そうとうなものとして残っているのではないかと思います。

人魂《ひとだま》の存在は、プラズマだけでは説明できない

魂の存在を探究するにつけても、物理学系統の人のなかには、「人魂《ひとだま》の正体は、プラズマである。球電《きゅうでん》現象なのだ」と言って、プラズマを発生させ、人魂のようなふわっとした発光体をつくる実験をしている人もいます。

しかし、それは、きちんと装置をつくって実験をやっているから、そこに出

てくるのであって、「装置がない所で、どうしてプラズマが出てくるのか」についてては説明できていないと思うのです。

早稲田《わせだ》大学の大槻義彦《おおつきよしひこ》名誉教授は、こうした研究で有名でしたが、現役の教授時代は、いつも懐《ふところ》に辞表を入れていたようです。「もし、霊やあの世があることを証明できたら、あるいは、宇宙人を連れてきて見せてくれたら、いつでも辞表を出して早稲田大学を辞める」と言って、いつも持ち歩いていたらしいのです。

ただ、宇宙人については、「これだけ星があるから、いてもおかしくないと思う」と言っていて、完全に否定しているわけではないようです。

それでも、彼は、「宇宙人が地球に住んでいるというなら、何丁目の何番地に住んでいるのか、その宇宙人の戸籍謄本《こせきとうほん》を取ってきてくれ」ということを言ったりしていました。このあたりで、宇宙人を信じる人と、よくガチンコの〝喧嘩《けんか》〟になっていたようではあります。

確かに、難しいところはあるだろうとは思います。

ただ、実際には、墓場《はかば》で人魂が見られることがよくあります。あるいは、夏の季節であれば、四谷怪談《よつやかいだん》風の物語でも人魂が出てきますが、たいてい、自宅の周りや、橋の上、川の上など、そうした所に出るわけで、その周りに、プラズマや球電を発生させる装置はありません。ない所で、それは見られているわけなのです。

小学校時代、私も人魂を見たことがある

私も何かに書きましたが、小学校時代、人魂を見たことがあります。通《かよ》っていた川島小学校は、その後、移転し、そこは今、保育所の敷地《しきち》になっていますが、そこから一段下がった所の、田んぼがあるほうに、バックネットの付いた校庭があったのです。

小学校高学年のときだったと思います。そこでソフトボールで草野球をしていたのですが、日が暮れるとき、バックネットの地上から何メートルか上がったあたりに、人魂が飛んでいたのです。同級生も含《ふく》めて、何人かで目撃した覚えがあります。捕まえられる所まで下りてきてくれなかったので、捕まえるこ

とはできませんでしたが、見たことはあります。

ほかにも、こういうことがありました。私の生家《せいか》の近くに阿波川島《あわかわしま》駅という駅がありますが、昔は、今のような駅ではなく、木造の、もう少しぼろい感じの駅でした。そして、列車が駅を出て、徳島方面に向かっていくと、出発してすぐ、丘を切り通した所があり、徳島方面に向かって右側の丘の上のほうに一部、墓があるのです。

その墓の近くに、草がけっこう生《は》えている草っ原があり、そのあたりも、私の遊び場の一つでした。のび太君ではありませんが、そこに、穴を掘ってキャンプの基地のようなものをつくり、よく遊んでいたのです。地主《じぬし》か管理人かは知りませんが、持ち主のような人に見つかって怒《おこ》られ、追い回されるようなこともありました。

あるいは、斜面《しゃめん》になっている所では、段ボール紙をお尻の下に敷いて、スキーではありませんが、みんなで斜面を滑《すべ》り降りて、競争したりしていました。けっこう遊んでいた所ですが、ここでも人魂がよく目撃されていて、友達も、「夕方、日が暮れてからあと、よく見た」と言っていました。

あとは、私が見たことがあるのは、川島城の岩の鼻（展望台）から見下ろした所にある、吉野川の潜水橋《せんすいきょう》です。

私は、そのあたりで、よく魚釣りをしていました。夕方頃、父親と毛鉤《けばり》でハヤ釣りをよくしていたのです。六時半ぐらいに行き、七時半になると、もう真っ暗になるので、釣っていたのは、六時半から七時過ぎぐらいまでの、日が完全に暮れるまでの間です。

ハヤはジャコとも呼びますが、毛鉤を餌《えさ》だと思って食《く》いついてきます。そうして流し釣りをしていると、だいたい二、三十匹ぐらい釣れることが多かったのですが、そのあたりも、「よく人魂が飛ぶ」と言われていました。

人魂が飛んだとき、時によっては、水の底まで見えるぐらい明るくなったそうです。底が透《す》き通《とお》って見えるような明るさになることがあるということで、何ルクスかは分かりませんが、ある意味での、光源としての力はあるらしいということが分かります。

私は、人魂を直接に触《さわ》ったことはありませんが、柳田國男《やなぎたくにお》の『遠野物語《とおのものがたり》』等を読むと、触った人の話も出てきます。話としては、「絹《きぬ》のような手触《てざわ》りがする」「綿菓子《わたがし》のような感じがする」ということで、どうも、熱いわけではないようです。

目撃談を集めただけでは、研究としては十分ではない

それから、逆の側からいくと、『遠野物語』には、次のような臨死《りんし》体験の話も出てきます。

おじいさんが、「臨終《りんじゅう》です」と言われたあと、肉体から抜け出し、空を飛んでいって、親戚《しんせき》の家の上を飛んでいると、子供たちが「人魂だ」と言って、竹の棒を持って追い回すのです。

飛んでいるほうは、自分は人間の体として空を飛んでいるつもりなのですが、下の子供たちから見たら、人魂に見えたわけです。そして、人魂であるほうのおじいさんには、下にいる子供たちが「鬼」に見え、鬼たちに追いかけられて

いるように感じたそうです。

それは、甥《おい》に知らせに行ったのかもしれません。しかし、甥のほうは、土《ど》間《ま》に人魂が入り込んできたので、「捕まえてやれ」と思い、たらいで蓋《ふた》をしたら、本当に捕まえることができてしまったのです。そのあと、人が呼びに来て、「危篤《きとく》だった伯父《おじ》さんが亡くなったらしい」ということで、慌《あわ》てて伯父の家に駆けていこうとするのですが、人魂に蓋をしていることが気になって、逃がしたところ、ヒュッと逃げていって、どこかへ消えてしまったのです。

そして、伯父の家に行ってみると、その伯父が息を吹き返していて、「おまえ、俺にひどいことをしたな。おまえに、たらいをかぶせられて、捕まえられた」と言われ、怒られたというのです。そういう話が書いてあります。

嘘《うそ》のような本当のような話ですが、柳田國男は、テープレコーダーがない時代に、佐々木鏡石《きょうせき》という遠野出身の人の話を聴き取って、書いたわけです。彼の知性と感性を通して、自分が「真実だ」と感じ取れるものを書き取ったということで、柳田國男が聴いた印象としては、本当らしく感じられた話なのだろうと思います。そういうことが記録として遺《のこ》っています。

これは、私の著書『神秘の法』（幸福の科学出版刊）でも取り上げた『遠野物語』の話ですが、このあたりの勉強ではまだ十分ではありません。

「魂の重さ」を量《はか》った人は現実にいる

また、「人が死ぬときに、体重が減る」という実験をしたものもあります。「五十グラム減る」という説もあれば、「正確には三十五グラム減る」という説もあります。大した差ではありませんが、三十グラムから五十グラムぐらい、体重が軽くなるというのです。

人は死んだあと、体を持ち上げると、「軽くなった」と感じる人はわりに多いようです。三十グラムや五十グラムの差まで分かるかどうかは分かりませんが、「何となく軽くなった感じがする」ということはよく言われています。

三十グラムや五十グラムであれば、「実際には、亡くなるときに、何か排泄《はいせつ》物《ぶつ》でも出たのかもしれないし、何か分からない」という言い方もあると思うので、はっきりしたことは言えませんが、現実に量《はか》った人がいるのは事実で、「少し軽くなる」ということはあるのです。

しかし、「魂に重さがある」と言われても、そう簡単に納得できるものではないでしょう。

ただ、いずれにしても、「魂」「感情」「人間がロボットとは違うところは、どこにあるのか」というところを探究しなければいけないと思います。

「脳や遺伝子は、魂の正体ではない」と知るべき

霊言等を通して見る限り、「脳は、やはり、魂ではない」と言えます。脳は、霊とシンクロ（同調）していると思いますが、霊言のときは、すでに焼き場で焼かれてなくなっているわけですから、「脳がないのに考える力があって、生前の個性に近いかたちで話をする。生前、自分の脳を使って考えて、話していたようなことと近いことを話す」ということは、脳は魂ではないということなのです。

同じようなことで言えば、最近、リチャード・ドーキンスという人が、「利己的な遺伝子」ということについて、よく本を書いています。

「魂の正体は、遺伝子、ＤＮＡである。ＤＮＡは、次から次へと遺伝して移っていくが、これが魂の正体である。だから、永遠に生き続けるというのは、そのとおりだ。ＤＮＡは、遺伝して移っていく。母方《ははかた》と父方《ちちかた》があるけれども、少なくとも半分は生き残っていくので、ＤＮＡは永遠に生きているのだ。だから、今、人間が生きているということは、何千年も何万年も前の〝先祖《せんぞ》〟が生きているということである。人間の魂に当たる部分は、遺伝子として、引き継いでいるのだ」というようなかたちで、ＤＮＡ説を出す人もいます。

一見、説得力はあるように見えますが、現象としての魂について、説明は一切できていません。ＤＮＡだけで言うのなら、焼き場で焼けば、ＤＮＡの部分もなくなるはずです。

ＤＮＡは、「どのような人体をつくるか」という〝設計図〟であることは分かっていますが、やはり、「設計図は、魂そのものとは違う」ということは言えるでしょう。

そういうことで、人間についての研究はさらに幅広くなると思います。

人間は、寿命《じゅみょう》があって生きる存在である

人間は、雑食系で、いろいろなものを食べ、人体様《よう》の表現形式ができて、寿《じゅ》命《みょう》があって生きるものですが、寿命が幾《いく》らあるかというと、今は、男性で百十一歳、女性で百十六歳ぐらいの人が最高齢です。

ただ、『旧約聖書』を読むと、千歳ぐらいまで生きたという人も出てきます。なぜか、日本の神話を読んでも、百二十歳ぐらいまで生きた天皇もたくさん出てきます。『竹内文書《たけのうちもんじょ》』を見ると、もっともっと、数百歳まで生きたという人も出てくるので、このあたりには妙な共時性《きょうじせい》がありますが、この意味は、もうひとつ分かりません。

本当に、昔の人は長寿であったのでしょうか。ある人の説によれば、「同じ名前を代々襲名《しゅうめい》していたのだ。今の歌舞伎《かぶき》や能のような感じで、六代目尾上菊《おのえきく》五郎《ごろう》風に、同じ名前を襲名していったから、一人の人が何百歳も生きたように伝わっているのだ」とのことです。非常にこの世的な解釈だと思いますが、そういう可能性もないわけではないと思います。

いずれにせよ、昔の人の寿命には長いものが出てくるのですが、その理由はよく分かりません。

最近出した〝ノアの大洪水《だいこうずい》の話〟(旧約の預言者《よげんしゃ》ノアの霊言を収録した『「ノアの箱舟伝説」は本当か』〔幸福の科学出版刊〕のこと)でも、「ノアは、六百歳を超えてから大洪水に遭《あ》い、そのあと、九百五十歳まで生きた」という話になっているので、にわかには信じがたい話ではあります。何百歳にもなってから、子孫ができたりもしているので、すごすぎる〝超人〟です。

むしろ、それだけ長く生きられるのだったら、こちらのほうがロボットかと思うぐらいです。「鶴《つる》・亀等は寿命が長い」「亀は何百歳も生きる」と言われています。正確かどうかは知りませんが、そういう意見もあるので、人間にも、そういうことがないとは必ずしも言えないのかもしれません。

4　性質や社会の形態から「人間」を定義する

性質・社会の形態からの定義①「人間は社会的動物である」

人間を定義するにあたっては、「個人だけを捉《とら》え、個体としての人間を定義すれば、それですべてか」というと、そうではないと思います。

私は、子供時代、小学校の校長先生からよく教わったことがあります。校長先生が、朝礼のとき、「『人』という字を見たら、互いに支え合っている。つっかえ棒がついて、支えている形になっているだろう？　このように、人というのはお互いに支え合い、助け合って生きていかなければいけないのだ」ということを、よく話していたのです。

漢字の成り立ちとして、それが正しいのかどうかについては少し議論があるようですが、別の言葉で言えば、「人間とは、社会的存在である」ということが言えると思います。「人間は社会的動物である。社会をつくる生き物である」ということは言えるでしょう。

もちろん、動物にも、「群《む》れで棲《す》む」という意味では、社会はあります。群れで棲み、リーダーがいるという意味では、猿《さる》だろうが、狼《おおかみ》だろうが、羊《ひつじ》だろうが、そういうものはあるかもしれません。

ただ、人間は、動物とは違って、自分たち独特の文化を伴《ともな》った社会をつくっていき、職業集団をつくり、そして、高度に複雑化した社会生活を営《いとな》む存在でもあるのです。そういうことは言えると思います。

その意味で、「人間は社会的動物である」と言えるでしょう。

外見が似ていても、性質や社会の形態に違いが出てくる

ちなみに、ほかの動物を定義することも、なかなか難しいです。

例えば、犬はどう定義すればよいでしょうか。「尖《とが》った口があり、歯が強く、耳があり、前足・後《うし》ろ足が二本ずつあり、四本足で地を駆けることができて、尻尾《しっぽ》が付いている」という感じでしょうか。

先ほど人間の定義のところでも述べたように、「三本足だったら、犬ではないのか」というと、三本足でも犬は犬です。「尻尾がちぎれたら、犬ではない

のか」というと、尻尾がちぎれても犬は犬でしょう。「口が大きく開いて噛《か》むことができる」といっても、場合によっては、そういうことができなくなった犬も出てくるかもしれません。そうすると、犬の定義も難しいのです。

では、狼の定義はどうでしょうか。犬と狼はどう違うかと言えば、外見《がいけん》はそれほど大きく変わるわけではありません。

次に、「犬と狐《きつね》はどう違うか」といっても、外見だけ説明すると、限りなく近いでしょう。見た感じとしては、「これは狼」「これは犬」「これは狐」というように一応分類はできると思いますが、似たような動物の場合、何が違うのかと言われても、外見上、そう大きな違いは言えないのです。

違いがはっきりあるとすれば、犬は、家畜というか、ペットとして飼うことができ、番犬《ばんけん》等の機能があり、非常に忠実でフレンドリーな動物であるということは言えると思います。

ところが、狼は、それほどフレンドリーにはなってくれません。人や動物を襲《おそ》う凶暴《きょうぼう》な性質を持っていて、家畜として飼うには厳しいというか、難しいところがあります。イヌ科にしては、凶暴な性格というか、肉食系の非常に強い面が出ていると言えます。また、遠吠《とおぼ》えするという面もあるかもしれません。

狐も、外見上、犬と少し似ていますが、尻尾がフサフサしているとか、そういう違いはあるかもしれません。

狐については、あとは、世界各地で、「人を騙《だま》すのがうまい」と言われています。知能が高いということかもしれません。

イギリスなどでは、狐狩りをするようですが、日本では、「狐は人を騙す」と言われたり、あるいは、「お稲荷《いなり》さん」「稲荷大明神《だいみょうじん》」ということで、動物ながら神様の仲間入りをして、祀《まつ》られたりもしています。

ただ、日本だけでなく、世界共通に、「狐は、感情的に、あるいは、知能的に、普通の動物よりもやや人間に近いものを持っているけれども、何らかの狡《こう》猾《かつ》さ、ずる賢《がしこ》さのようなものがある」と捉《とら》えられているようです。

狐、犬、狼は、外見上は似ているので、外見だけで説明するのはなかなか苦しいものがありますが、「狐には、狡猾さ、ずる賢さ、卑《ひ》怯《きょう》なところがある。また、虚栄心《きょえいしん》も強い」と言われています。

これに比べて、犬は、忠誠心があって、非常にフレンドリーなところがある動物です。あるいは、狼になると、もう少し凶暴であり、襲ってきて、一般には、人類や家畜の敵になりやすい性質を持っていると言えます。

ただ、「狼はすべて駄目《だめ》である」とも言えないところがあります。狼や熊《くま》を間引《まび》いてしまうと、今度は、野生《やせい》の鹿《しか》などが繁殖《はんしょく》しすぎて、木が荒らされて駄目になってしまうこともあるのです。

捕食《ほしょく》関係が、ある意味で、見事に環境を調和させているところもあるので、彼らがやっていることは、一見《いっけん》、悪のように見えますが、悪ではない面もあるということです。

いずれにしても、今述べたように、外見上の区別だけで十分に説明し切れないものでも、「性質」や「そのものがつくっていく社会の形態」に違いが出てくるように思います。

性質・社会の形態からの定義②「人間は政治的動物である」

人間は、外見上似たような形を持っていても、顔は黒かったり黄色かったり白かったりするし、背も高かったり低かったりします。二メートルを超えた白人と、普通のサイズの昔のタイプの日本人とだったら、同じような種類には見えないぐらいの違いがあるかもしれません。

日本には、天狗《てんぐ》伝説がたくさんあります。霊界には天狗と思われる存在もいますが、合理的に考える人のなかには、「白人は鼻が高く、背が高く、顔が白くて、赤ら顔をしていたりすることもあるので、昔、白人が日本に漂着《ひょうちゃく》したのを見て、『天狗だ』と思ったのではないか」と言う人もいます。

合理的な説明としては、そういうこともあります。あるいは、そういうことも事実としてあった可能性はあります。外国と交流がなかった時代に外国人を見たら、天狗に見えたことはあったかと思うのです。

ただ、霊界は、心がそのまま現れてきて、霊体《れいたい》として変化してくる世界であるので、霊界に天狗が存在するのを見れば、「自分の自慢《じまん》ばかりするようなタイプの人は、霊界では、鼻が高くなってくる」ということです。

外国ではあまり出てこないので、日本独特の妖精《ようせい》というか、神霊《しんれい》なのかもしれません。原形は、おそらく、修験者《しゅげんじゃ》ではないかと言われています。「天狗は、一本歯《いっぽんば》の高下駄《たかげた》を履《は》いている」とよく言われますが、何となく修験者の姿がよく出てきます。天狗は、頭の上に、修験者がつけるような頭巾《ずきん》をよく付けたりしているのです。

また、天狗の描《えが》かれ方としては、鼻が長く、一応、羽が付いています。西洋であれば、普通、「天使」と言われる存在でしょうが、羽が付いていることが多いのです。そして、一本歯の高下駄を履いています。

この一本歯の下駄は、上《のぼ》り坂は上がれるのですが、下《くだ》り坂になると弱く、坂を転《ころ》げ落ちることになります。これは、ある意味では天狗の性質を表していて、「上りには強い。すなわち、大きくしていったり、金儲《もう》けをしたり、成功したりしていくのはとても好きだが、ブレーキは嫌い」ということです。

「小さくされたり、止められたりするのは好きではない。あるいは、退却したりするのは好きではない」というような性格です。こういう性格の人は、この世にはけっこういるかと思います。社長族にもけっこう多い性格なのではないでしょうか。

私のように霊界を探究している者から見ると、こういうものが霊界には存在するし、そうした性格を持ったものが、この世に人間として生まれることはあるだろうし、そして、そういう性格を持った人間は、この世的に見ても「鼻が高い」という言い方をされるだろうと思います。

胸を張って、顔を上に向ければ、鼻が高く見えるところもあるので、そういう性格はあるでしょうし、そういう多様性はあるでしょう。

「こうした、いろいろな性質を持った人間が一定の社会を営み、それぞれ民族によって、宗教に基づいて、違った組織社会を営んでいる」というのが、現実なのではないかと思います。

そういう意味で、人間は社会的動物でもあるし、社会という言葉をもう少し狭《せま》くすると、ある意味では、「人間は政治的動物である」とも言えるかもしれません。

さすがに、「政治をやる」というところまでいくとなると、動物の世界では難しいでしょう。もちろん、動物にも、集団での取り決めやボスの取り決めはあるかもしれませんが、人間には、より高度な政治的活動をするところがあります。

性質・社会の形態からの定義③「人間は哲学的動物である」

「人間は政治的動物である」とも言うことができると思うし、別な言葉で言えば、「人間は哲学的動物である」とも言えるかもしれません。人間は、思想の世界で十分に活動ができる動物、あるいは、物事を考える精神の世界・観念《かんねん》の世界で考えて、その世界を広げることができる動物でもあるわけです。人間は、そうした観念の世界に生きることができると言えます。

したがって、動物性の探究、すなわち、動物としての人間の体の構造や耐久《たいきゅう》力、その他の機能を探究しただけでもって、人間のすべてが分かるとは言えないと思います。

「肉体」のほうの力だけを探究し、ほかの動物と比べてみると、逆に言えば、劣るもののほうが多いでしょう。

人間は、チーターのように時速百数十キロも出して走ったりすることはできないし、ライオンのような強靱《きょうじん》な力も持っていません。ゾウのような、重い荷物を運ぶ力や建物を壊すような力、人を踏み潰《つぶ》すような力も持っていません。自然界にいる野獣《やじゅう》等と比べると、人間は非常に、か弱い存在です。

ですから、パスカル風に言えば、「人間とは考える葦《あし》である」ということです。要するに、「人間は、葦のような、ささやかな風にも揺《ゆ》れるような本当につまらない存在ではあるけれども、その葦は、考えるということにおいて、宇宙をも包含《ほうがん》することができる。宇宙についても考えることができ、宇宙をもそのうちに収《おさ》めることができるような小さな生き物であるのだ」ということです。

「蟻《あり》がたくさん歩いていても、蟻は宇宙のことはおそらく分からないだろう。地面のことは分かっていても、宇宙のことは考えることもできないし、認識することもできないだろう。空の星も認識できない可能性が高いと思われる。一方、人間は、葦のような存在で、役にも立たず、か弱い存在であるけれども、宇宙も考えることができれば、宇宙を超えた哲学空間も持っている。そういう考える葦なのだ」というような言い方もあるのです。

ジョージ・オーウェルが考える人間の本質とは

あるいは、ジョージ・オーウェル風に、次のような言い方もできるでしょう。彼の小説に、『アニマル・ファーム（動物農場）』という作品があります。農場で人間に飼われている動物たちが反乱を起こして、文句を言うのです。

例えば、鶏《にわとり》は、「私たち雌鶏《めんどり》は、毎日、卵を産んで生産している。本当は雛《ひな》に育てたいのに、栄養価が高いので人間に食べられている。それだけの犠牲《ぎせい》を払って生産しているのに、人間は卵を産まない。けしからんではないか」というようなことを言います。

また、牛は牛で、「私たち雌牛《めうし》は、牧草を食べて水を飲むぐらいで、ミルクを出している。それが、牛乳として飲まれたり、乳製品としてチーズやバターになったりして、いろいろと役に立っている。しかし、人間はそんなものは何もつくらない」というようなことを言うのです。

「アニマル・ファームに飼われている動物たちは役に立つことをいろいろとやっているのに、人間は搾取《さくしゅ》ばかりして、何にも働かない。偉《えら》そうに威張《いば》っているだけだ」ということで、豚を司令官として革命が起きて、人間は追放されます。

そして、「めでたしめでたし」で豚の天下になり、豚が支配するアニマル・ファームになるのですが、豚が支配し始めると、豚がだんだん人間の代わりになっていき、結局、同じようになっていくのです。「あれ？　おかしいな。搾取する人間を追い出しさえすれば、みんなが自由な、平和な世界が来ると思ったのに、何だか豚が威張っている。結局、同じではないか。豚が威張って、ほかの動物たちを支配している」ということになってしまったのです。

実は、この本は、共産主義が流行《はや》っていく時代に書かれています。要するに、「共産主義の未来は、このようになるぞ。『人間を平等に扱え』と言っているが、共産主義の行きつく結果は、結局のところ、そうはならない。共産党員という一部のエリート層は〝豚〟に当たり、万国の労働者は『労働者として平等に扱われる平等な社会が来た』と言うかもしれないけれども、実際は、豚に当たる共産党幹部だけが威張っている未来社会が来るぞ」ということを言っていたわけです。

ジョージ・オーウェルは、別のところでは、『１９８４年』という小説も書いています（一九四九年刊）。彼は、そのなかで、未来社会として、「テレスクリーンというものが人間社会を至る所で見張っていて、記録が録《と》られ、摘発《てきはつ》される」という高度な監視社会を描《えが》いています。これは、現実にはもうすでに発生していると言ってもよいかもしれません。

例えば、イギリスでは、十人に一台ぐらいの割合で監視カメラが街にあり、いろいろな街角で映像が撮《と》られています。銀行でも撮られていて、「どこで誰がカードで幾《いく》ら使ったか」ということも全部分かるので、カード泥棒《どろぼう》が逃走しても、ガソリンスタンドでガソリン代の支払いにカードを使っただけで、すぐに居場所をつかめるという感じになっているようです。また、国民総背番号制になって、いろいろな人の経済活動まですべて、すぐに分かってしまうようになってきています。

ジョージ・オーウェルは、「高度管理社会が来る」と予言していましたが、現実に、そうなってきています。その人の背番号に当たるものを打ち込めば、あらゆる情報が手に入るようになってきているのです。

日本の国税庁あたりも、個人がカードで買った物について、すべて情報を入手できます。こうしたことは、プライバシー的によいことかどうかは分かりませんが、「どこで幾ら買ったのかまで全部分かるぞ」ということで、税務調査のときなどには、そういうことをやるのです。日本も、そういう情報がすべてつかまれるような世界になっていることは事実です。

未来社会としては、そういうことで、「かつて『ユートピアになる』と思って描いた理想社会を実際にやってみたら、その理性的に建設された社会は、非常に一部の人に管理され支配される世の中になる」という皮肉が、現実には起きつつあるように思います。

中国は、人口が十三億人を超える社会ですが、自由があるわけではありません。自由を与えると、暴動が起きたり、勝手なことをしたりするため、人口が多いのにもかかわらず、価値観を一律に染《そ》め上げようとして必死に努力しています。共産党を批判するような言論は一切削除《さくじょ》されるし、すぐ逮捕《たいほ》されるので、できないようになっています。体制を応援する言論しかできないようになっているのです。

このように、「未来社会として、繰り返しからかわれてきた全体主義国家がすぐに出来上がってくる」というところはあります。

5　人間は、幸福になる権利と義務を持っている

人間には、生まれによらず「チャンスの平等」を与えるべき

管理される社会がすぐに出来上がってくるので、人間は社会的動物ではありますが、私としては、「管理され、個人個人のチャンスの平等や自由が発揮できない社会ができてくると、非常に苦しく幸福感のない社会になる」と思います。

やはり、アリストテレス的に、「人間とは、幸福を目的とする生き物である」

「人間は、幸福を目的にする」と考え、「幸福でありたい」と思うならば、いろいろなことを行動し、発表し、活動する自由が与えられることが非常に大事です。

平等にいろいろなものへのチャンスが与えられなければいけません。例えば、投票のチャンスもあれば、意見を発表するチャンス、いろいろな職業に就《つ》くチャンス、移動するチャンス、海外渡航《とこう》のチャンスなど、こうした「自由を伴《ともな》うチャンス」が与えられなければいけないと思うのです。

生まれによってすべてが決まってしまうのはよくありません。インドにはカースト制度がまだ残っていますが、あまり望ましいとは思わないし、イギリスにも、そうは言っても、まだ貴族制社会の名残《なごり》のような階層社会というか、差別が残っています。

しかし、生まれによらず、「チャンスの平等」を与えなければいけません。チャンスによって、いろいろな処遇《しょぐう》や結果に違いが出てくることはあります。それについては、ある程度、甘んじて受けなければいけない部分はあります。

「チャンスを生かして見事に努力し、結果を持ち来たらした者」と、「チャンスを生かし切れずに怠《なま》けてしまった者や、単純な失敗をしてしまった者」との差が、ある程度出る社会というのはやむをえないでしょう。もちろん、その差が極端すぎた場合には、救済措置《そち》としての〝自動調節装置〟は多少働かなければならないと思います。

ただ、「自由に行動した結果、どのような結果が出ようとも、すべてすり潰《つぶ》して同じにする」という世界は、受け入れがたい社会であると思うし、それは、まさしく全体主義社会そのものです。

ギリシャ神話のなかに、旅人をみな一緒に扱うという宿の話があります。その宿のベッドは大きさが決まっていて、例えば、一八〇センチの人用にベッドができているとします。そして、旅人が一八〇センチ以上の身長がある人だったら、寝ている間に足を切って長さを合わせ、身長がそれより短い人だったら、ベッドの大きさまで引き伸ばすのです。

そういう話がギリシャ神話のなかにありますが、「全員を一緒にすることでもって、人間は平等である」という結果平等の世界は、必ずしも幸福ではないと思います。

社会的な救済も大事だが、怠《なま》け者を量産してはいけない

人間の個性に違いがあるように、現れてくる結果にも違いはあります。合理的な法則、原因・結果の法則によって、社会的な自分の位置づけや収入、立場や尊敬において違いが出てくるなら、ある程度、受け入れなければいけないものがあると思います。

ただ、それでも、一部、環境要因、あるいは本人に責任のない部分で、職を失うようなこともあります。例えば、ある企業で、ある商品が売れていたが、何らかの事情により、政府の法律や判断で『それは社会的に有害だ』ということになり、職業が成り立たなくなって、本人の意思にかかわらず、収入がなくなるようなこともあるでしょう。あるいは、夫が事故で亡くなり、収入がなくなるようなこともあります。

人生にはいろいろなことがあるので、単なる原因・結果の法則として、本人が責任を負うべき結果ではない部分が起きることもあるのです。そういう場合には、社会的に救済措置をするために協力し合う社会というのも、ある意味で、ありがたい社会であるので、それを完全に否定することはできないと思います。

ただ、「ゆりかごから墓場《はかば》まで」という考え方が、度が過ぎて、「働かなくとも、とにかく一生を安楽に暮らせて、老後も安泰《あんたい》である」という社会をつくってしまってはいけません。人にもよりますが、人間には、ともすれば甘い方向に流れていく傾向もあるのです。

「怠け者を量産するような価値観」は、哲学としても、信条としても、法律としても、政治的な方針としても、つくってはいけないと思います。個人個人が才能を開花させ、自由な社会のなかに、発展・繁栄を求める社会が大事であると思うし、その都度《つど》イノベーションが起きて、新しい入れ替えもたまには起きていかなければならないでしょう。

民主主義社会では、選挙によって政権を変えることができる

私は、民主主義社会は必ずしも最高とは思えないし、丸山眞男《まるやままさお》（政治学者・元東大教授）という人に対する批判もずいぶんしていますが、彼は、「民主主義は、永久革命である」ということをよく言っています。

昔の封建《ほうけん》時代であれば、一揆《いっき》を起こして領主《りょうしゅ》の首を取らなければ、年貢《ねんぐ》の取り立てをやめさせたり、「きつすぎる」という抗議をしたりすることができなかったけれども、今は、気に食《く》わなければ選挙によって政権を変え、最高権力者のクビを切ることができるというわけです。

今、収録している現時点では、安倍さんがアベノミクスをやり、その後の余勢《よせい》を駆《か》って、グイグイと自己実現をしているように見えますが、もうすでに周りには、権力の終わりを漂《ただよ》わせるような現象も起き始めています。ある意味では、狙《ねら》われているわけです。永久に続く権力というのはないので、何らかのかたちで、いつかは退陣しなければならないだろうと思います。

その意味で、民主主義は永久革命であるということです。「必ずトップのクビをすげ替えることになる」という意味では事実なので、「永久革命」というのは、当たっているところもあります。

ただ、永久革命ではあるが、かつてのフランス革命のように、ギロチンにかけて殺したりするわけではないということも事実です。そういう意味で、平和的な革命ではあるということです。

そういう平和的な革命を起こすために何が必要かと言えば、それは、「言論の自由の保障」だろうし、「ジャーナリズム・出版・表現の自由等の保障」であると思うのです。

ですから、全体主義的傾向が出ている国家は、そういうものを一生懸命に抑《よく》圧《あつ》します。中国もそうです。言論・表現の自由等をそうとう抑圧しています。コンピュータ社会になり、インターネット上でいろいろな書き込みができるようになっても、共産党を批判するようなものはいちいち消していったり、外国のテレビ放送でも、ブラックアウトさせ、画面を消したりするようなこともしています。まだ自由の価値がよくは分かっていないのでしょう。

いろいろな人が自由な意見を発信する価値よりも、「政府の出している方針が実行に移され、現実化され、業務遂行《すいこう》がスムーズである」という価値、つまり、秩序の安定や実行力の価値のほうが上であると考えているのでしょうが、それは、いずれ行き詰まる考えであろうとは思います。

「言論の自由」に基づく権利の行使においては、「言論の質」のチェックが必要

そうでありながら、私たちはまた、「民主主義の時代の先にある社会」についても常に考え続けなければいけません。いずれ時代の限界がくると思われるのです。

例えば、現代社会は、言論の自由に基づく権利の行使によって権力者のクビをすげ替えることのできる永久革命の社会ではありますが、今度は、「言論の

質のチェックはどのようにするか」という問題が出てくるわけです。

言論機関にも大小があって、大きなところには権力が発生してきています。しかし、この言論機関の権力については、日本国憲法には何ら規定されていません。「言論機関・報道機関は、どれだけの権力が保障されているか」ということ、そうしたものは何も書かれていないため、今のところ、無制限の状態になっています。

したがって、「これは、どういうものなのか」ということは考えなければいけないでしょう。あるいは、「真理という観点から見たときに、報道の姿勢や言論の方向は正しいのかどうか」ということです。

また、教育は、そうした言論や学問の方向性の下《もと》に成り立っており、人間は、その教育を受けて価値観が出来上がってくるわけですけれども、その教育のなかに間違いがあった場合には、見ている世の中はずいぶん変わったものになってくることがあります。

そして、そうした変わった世の中になったとき、結果的には、その教育によって、真理が弾圧《だんあつ》されることもあるのです。「教育の自由」「学問の自由」等があるように見えながら、一定の方向を向いているために、真理が弾圧されることもありうるわけです。

例えば、NHKの教育番組で進化論を取り上げ、古代の魚や爬虫類《はちゅうるい》、両生類《りょうせいるい》などをCGで描《えが》いたものを映して、アナウンサーが「これが私たちの先祖《せんぞ》です」などと言っているのを見ると、私はいつも非常に嫌な感じがします。「人間の先祖は、蛙《かえる》か魚のようなものです」と言われたら、やはり、少しカチンとくるものはあります。まだ確定しないものを、確定しているかのように言うのはいかがなものでしょうか。

せいぜい確認できるものは、「母親のお腹《なか》のなかで胎児《たいじ》として発生してくる過程において、魚類《ぎょるい》や両生類やほかの哺乳類《ほにゅうるい》などと似た形をとることがある」ということです。そういう事実はありますが、だからといって、「人間の先祖が魚類や両生類、爬虫類だった」という証拠は別にないのです。

「科学としては、こうだ」と断定的に言う傾向がありますが、まだそれには迷信《めいしん》と変わらない面があるのではないでしょうか。私はそう思います。

人間には、自由を行使して、世の中をつくり変える権利がある

そういう意味で、人間と人間を取り巻く社会については、まだまだ流動的で

あり、いろいろと変わっていくものがあります。ときには、「自分たちにとって理想だ」と思う考え方を出しても、その理想が現実になってきたとき、自分たちを阻害《そがい》し、自分たちを不幸にする社会が出来上がってしまうこともあります。

不幸な社会をつくってしまった場合には、「不幸の社会に生きるのが人間だ」と考えるのではなく、根本《こんぽん》に戻って、やはり、「人間とは、幸福を求める存在なのだ」という観点から見なければいけません。

そして、「どのように人間の自由を行使すれば、不幸な社会をつくり変え、幸福に生きられる仕組みができるのか」、あるいは「どういう政治的活動や言論活動、思想活動をすれば、幸福な社会をつくれるのか」ということを考えなければいけないのです。

人間には、その都度、自分たちの考え方を行使して、世の中を変えていく権利があります。そうした「幸福になる権利」も、「幸福になる義務」も両方とも持っているのが人間なのです。

「幸福権」には「信仰の権利」が含《ふく》まれる

そうした「幸福権」に関しては、宗教も大きくかかわっているということも言っておきたいと思います。人間の「幸福を求める権利」のなかには、宗教に絡《から》むものもあるのです。

宗教のなかには、信仰という行為が伴《ともな》います。「何らの神がいる証拠《しょうこ》もない。仏がいる証拠もない。あの世がある証拠もない、実験も何もできない。繰り返し実験できないものは、存在しないのと同じだ」ということで、あの世や霊、神仏を否定する考え方も横行《おうこう》していると思いますが、「人間には、生まれつき、信仰の権利がある。あるいは信仰の本能がある」と言っている人もいます。

「経営の神様」と言われた松下幸之助《まつしたこうのすけ》も、著書のなかで、「人間には、信仰の本能がある」と、はっきりと述べています。彼はそう考えていたのです。世の中にはそう思わない人もいるでしょうが、「信仰の本能がある」と言われたら、そのように思えるところはあります。

「世界各地にいろいろな民族が生きていながら、それぞれに宗教を持ち、神を信じているということは、人間は、生まれつき、何か偉大《いだい》なるもの、いわゆるサムシング・グレートを信じる心を持っている。そういう本能を持っている」という考え方もあるのです。

要するに、子供が親を信じるように、「自分の創り主《ぬし》、あるいは、生みの親が誰であるか」ということを求め、それに憧《あこが》れる気持ちが、人間には宿っているということです。

そういう意味での「幸福権」のなかには、やはり、「信仰の権利」があると考えます。信仰を保ち、信仰を広め、「同胞《どうほう》をつくりたい」という気持ちもまた、人間の幸福権の一つであるのです。

「信教の自由」を「信じない自由」と拡大解釈することの危険性

信教の自由は憲法で保障されていますが、信仰の自由を巡《めぐ》っては、「信じない自由も含むのだ」ということをやたら強調する憲法学者や、そのように憲法を解説する人もいます。

確かに、信仰の自由のなかには、例えば、キリスト教を押しつけられても、キリスト教を信じずにイスラム教を信じたり、あるいは、仏教を信じたりする権利はあるかもしれません。その意味で、「特定の宗教を押しつけられても、それを信じない」という自由も、信仰の自由のなかには入っているかもしれません。

しかし、「信仰の自由のなかには、信仰しない自由もある」ということを強く言いすぎたら、どうなるでしょうか。すべての宗教を否定し、「神も仏もなく、唯物論の世界だけが本物である。唯物論信仰を保護するのが、信教の自由の目的なのだ」というように拡大解釈されると思います。

そして、そういう人たちのほうが半分以上を超えて多数になっていった場合には、残念ながら、現実上は、信仰の弾圧・宗教の弾圧の方向に、力としては働いてくるでしょう。

宗教を信じている者のなかには、非合理的な活動をしている者もいます。例えば、イスラム教国のなかには、国民の百パーセント近くがイスラム教の信仰を持っているような国もありますが、過激派などがいて残酷《ざんこく》な人殺しが行われているので、「ああいう宗教は、この世から消えたほうがよい」と考える人もいるかもしれません。

しかし、立場を変えて考えてみると、イスラム教徒は、イスラム教の信仰を持っていない者たちが感じないものを感じ、また、彼らが「決して犯《おか》さない」ということについては戒律を守っているのかもしれず、イスラム教のなかにおいては、非常に敬虔《けいけん》な存在として、信仰を持って生きているのかもしれないのです。

要するに、「文明の摩擦《まさつ》によって争いが起きているということ、即《そく》、宗教を含むその文明自体が間違っている」という考えや、「二つの文明、あるいは、そうした国家や民族がぶつかっているために摩擦が起きているという事態、即、片方が悪である」という考えは、必ずしも成り立たないのです。それを知っていただきたいと思います。そのなかに身を置いてみたら、違ったものの見方があるのだということです。

信教の自由については、「信じない自由」のほうに重きを置きすぎるのは問題があります。たとえ、この世的にいろいろな事件や戦争が起きたとしても、そこは気をつけないと、危ないところだと思います。「信じない自由」までいくと、人間とロボットとの違いがなくなってくる可能性があるのではないかと考えます。

未来社会における望ましい「人間と社会のあり方」とは

さらに、追加して言うとしたら、未来社会においては、やはり、幸福の内側に信仰があるとよいでしょう。「信仰の裏打《うらう》ち」を持ちながら繁栄していく社会が、未来社会として到来していくことがよいと思います。

そして、「信仰のなかで、各人の個性が発揮され、一定の寛容と自由のなかで、この世での魂《たましい》修行が十分に実現できる」という社会が現実に起きてくることが望ましいと私は考えています。

これが、大まかな意味での「人間学概論」です。

あとがき

本書を一読して何とも不思議な本だと感じる人も多かろう。ある種の新しい哲学が説かれ始めたと言ってもよかろう。

私自身も、二千年、三千年の歴史の風雪《ふうせつ》の中で、砂に埋もれてしまったピラミッドを発掘している感慨《かんがい》に打たれている。

確かに人間は親にも似ているし、社会的動物であり、政治的動物でもある。しかし何のために存在しているのか、何のために社会や国家を建設しているのかを解明できないなら、現代の学問は無力といわざるをえない。

私は「幸福の科学」は新しい宗教であるとともに、新しい学問でもあり、新時代を創るための文明の開拓者でもあると考えている。この願いがすべての人々に届きますように。祈りとともに、文章を終えたいと思う。

二〇一四年　八月二十七日

幸福《こうふく》の科学《かがく》グループ創始者兼総裁《そうししゃけんそうさい》

幸福《こうふく》の科学大学創立者《かがくだいがくそうりつしゃ》　大川隆法《おおかわりゅうほう》

『「人間学概論」講義』大川隆法著作関連書籍

『幸福学概論』（幸福の科学出版刊）

『神秘の法』（同右）

『宇宙人リーディング』（同右）

『「ノアの箱舟伝説」は本当か』（同右）

「人間学概論《にんげんがくがいろん》」講義《こうぎ》 ―人間《にんげん》の「定義《ていぎ》と本質《ほんしつ》」の探究《たんきゅう》―

2014年 8月 28日　初版第1刷

著　者　　大《おお》川《かわ》隆《りゅう》法《ほう》

発行所　　幸福の科学出版株式会社

〒107-0052 東京都港区赤坂2丁目10番14号
TEL(03)5573-7700
http://www.irhpress.co.jp/

印刷・製本　株式会社 東京研文社

落丁・乱丁本はおとりかえいたします

ISBN 978-4-86395-540-0 C0030

写真：© Amgun - Fotolia.com

大川隆法シリーズ・幸福の科学大学シリーズ 最新刊

「幸福の心理学」講義

相対的幸福と絶対的幸福

現在の心理学は、不幸の研究に基づいているが、万人に必要なのは、幸福になれる心理学。「絶対的幸福」を実現させる心理学に踏み込んだ一書。

1,500円

「成功の心理学」講義

成功者に共通する「心の法則」とは何か

この「成功の心理学」を学ぶかどうかで、その後の人生が大きく分かれる！ 「心のカーナビ」を身につけ、「成功の地図」を描く方法とは？

1,500円

幸福学概論

個人の幸福から企業・組織の幸福、そして国家と世界の幸福まで、1600冊を超える著書で説かれた縦横無尽な「幸福論」のエッセンスがこの一冊に！

1,500円

※表示価格は本体価格（税別）です。

大川隆法シリーズ・幸福の科学大学シリーズ 最新刊

西田幾多郎の「善の研究」と幸福の科学の基本教学「幸福の原理」を対比する

既存の文献を研究するだけの“二番煎じ”の学問はもはや意味がない。オリジナルの根本思想「大川隆法学」の原点。

1,500円

幸福の科学大学創立者の精神を学ぶI（概論）

宗教的精神に基づく学問とは何か

財政悪化を招く現在の経済学に、戦後教育の自虐史観。諸学問を再構成し、新しい未来を創造する方法を示す。

1,500円

幸福の科学大学創立者の精神を学ぶII（概論）

普遍的真理への終わりなき探究

学問の本質とは、「知を愛する心」。知識量の増大と専門分化が進む現代において、本質を見抜く、新しい学問とは。

1,500円

大川隆法ベストセラーズ・**最新刊／「仏教論」シリーズ**

宗教社会学概論

人生と死後の幸福学

「仏教」「キリスト教」「イスラム教」「儒教」「ヒンドゥー教」「ユダヤ教」「日本神道」それぞれの成り立ち、共通項を導きだし、正しい宗教教養を磨く。

1,500円

八正道の心

【正見】【正思】【正語】【正業】【正命】【正精進】【正念】【正定】。釈尊が求めた悟りという名の幸福とは？ 2600年の時を経ても、輝き続ける普遍の真理。

1,500円

他力信仰について考える

源信、法然、親鸞の生涯と思想を読み解く。念仏を唱えれば誰でも救われるのだろうか？ 仏の「救済的側面」である阿弥陀信仰を解き明かした一冊。

1,500円

※表示価格は本体価格（税別）です。

大川隆法ベストセラーズ・「仏教論」シリーズ

悟りと救い

「上求菩提」と「下化衆生」。仏教の根本命題を説き明かし、2600年の仏教史が生み出した各宗派の本質と問題点を喝破する。

1,500円

禅について考える

努力・精進を重視した「禅宗」。厳しく悟りを求める一方で、唯物思想に結び付きかねない危険性をも指摘。「坐禅」の真の目的を明示する。

1,500円

日蓮を語る

日蓮はなぜ他宗を激しく非難排撃したのか？「法華経」を信じた理由とは？日蓮の信仰・思想・行動を説き明かし、「不惜身命の生涯」の核心に迫る。

1,500円

大川隆法ベストセラーズ・「幸福論」シリーズ

アランの語る幸福論

人間には、幸福になる「義務」がある──。人間の幸福を精神性だけではなく、科学的観点からも説き明かしたアランが、現代人に幸せの秘訣を語る。

1,500円

北条政子の幸福論

嫉妬・愛・女性の帝王学

現代女性にとっての幸せのカタチとは何か。夫・頼朝を将軍に出世させ、自らも政治を取り仕切った北条政子が、成功を目指す女性の「幸福への道」を語る。

1,500円

孔子の幸福論

聖人君子の道を説いた孔子は、現代をどう見るのか。年代別の幸福論から理想の政治、そして現代の国際潮流の行方まで、儒教の真髄が明かされる。

1,500円

幸福の科学出版

大川隆法ベストセラーズ・人間の魂の本質を学ぶ

太陽の法

エル・カンターレへの道

創世記や愛の発展段階、悟りの構造、文明の流転を明快に説き、主エル・カンターレの真実の使命を示した、仏法真理の基本書。

2,000円

黄金の法

エル・カンターレの歴史観

歴史上の偉人たちの活躍を鳥瞰しつつ、隠されていた人類の秘史を公開し、人類の未来をも予言した、空前絶後の時間論。

2,000円

永遠の法

エル・カンターレの世界観

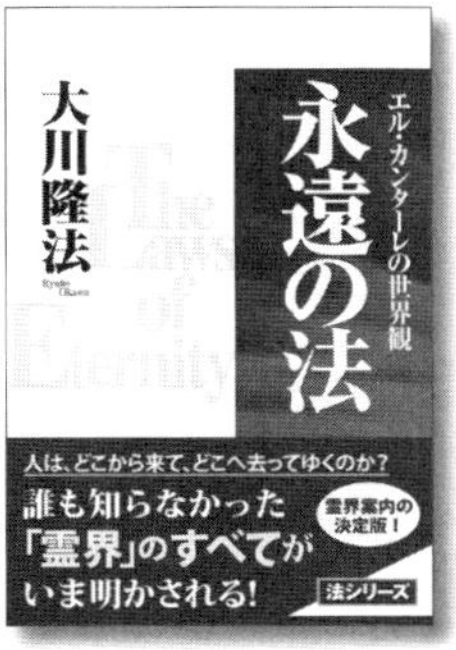

『太陽の法』（法体系）、『黄金の法』（時間論）に続いて、本書は、空間論を開示し、次元構造など、霊界の真の姿を明確に解き明かす。

2,000円

Noblesse《ノーブレス》 Oblige《オブリージ》

「高貴なる義務」を果たす、
「真のエリート」を目指せ。

幸福の科学学園
中学校・高等学校（那須本校）

Happy Science Academy Junior and Senior High School

「私は、
教育が人間を創ると
信じている一人である。
若い人たちに、
夢とロマンと、精進、
勇気の大切さを伝えたい。
この国を、全世界を、
ユートピアに変えていく力を
出してもらいたいのだ。」

（幸福の科学学園 創立記念碑より）

幸福の科学学園 創立者
大川隆法

幸福の科学学園（那須本校）は、幸福の科学の教育理念のもとにつくられた、男女共学、全寮制の中学校・高等学校です。自由闊達な校風のもと、「高度な知性」と「徳育」を融合させ、社会に貢献するリーダーの養成を目指しており、2014年4月には開校四周年を迎えました。

Noblesse《ノーブレス》 Oblige《オブリージ》

「高貴なる義務」を果たす、
「真のエリート」を目指せ。

2013年 春 開校

幸福の科学学園
関西中学校・高等学校

Happy Science Academy
Kansai Junior and Senior High School

私は日本に
真のエリート校を創り、
世界の模範としたい
という気概に満ちている。
『幸福の科学学園』は、
私の『希望』であり、
『宝』でもある。
世界を変えていく、
多才かつ多彩な人材が、
今後、数限りなく
輩出されていくことだろう。
（幸福の科学学園関西校 創立記念碑より）

幸福の科学学園 創立者
大川隆法

滋賀県大津市、美しい琵琶湖の西岸に建つ幸福の科学学園（関西校）は、男女共学、通学も入寮も可能な中学校・高等学校です。発展・繁栄を校風とし、宗教教育や企業家教育を通して、学力と企業家精神、徳力を備えた、未来の世界に責任を持つ「世界のリーダー」を輩出することを目指しています。

幸福の科学学園・教育の特色

「徳ある英才」の創造

教科「宗教」で真理を学び、行事や部活動、寮を含めた学校生活全体で実修して、ノーブレス・オブリージ(高貴なる義務)を果たす「徳ある英才」を育てていきます。

体育祭

天分を伸ばす「創造性教育」

教科「探究創造」で、偉人学習に力を入れると共に、日本文化や国際コミュニケーションなどの教養教育を施すことで、各自が自分の使命・理想像を発見できるよう導きます。さらに高大連携教育で、知識のみならず、知識の応用能力も磨き、企業家精神も養成します。芸術面にも力を入れます。

探究創造科発表会

一人ひとりの進度に合わせた「きめ細やかな進学指導」

熱意溢れる上質の授業をベースに、一人ひとりの強みと弱みを分析して対策を立てます。強みを伸ばす「特別講習」や、弱点を分かるところまでさかのぼって克服する「補講」や「個別指導」で、第一志望に合格する進学指導を実現します。

授業の様子

自立心と友情を育てる「寮制」

寮は、真なる自立を促し、信じ合える仲間をつくる場です。親元を離れ、団体生活を送ることで、縦・横の関係を学び、力強い自立心と友情、社会性を養います。

毎朝夕のお祈りの時間

幸福の科学学園の進学指導

1 英数先行型授業

受験に大切な英語と数学を特に重視。「わかる」（解法理解）まで教え、「できる」（解法応用）、「点がとれる」（スピード訓練）まで繰り返し演習しながら、高校三年間の内容を高校二年までにマスター。高校二年からの文理別科目も余裕で仕上げられる効率的学習設計です。

2 習熟度別授業

英語・数学は、中学一年から習熟度別クラス編成による授業を実施。生徒のレベルに応じてきめ細やかに指導します。各教科ごとに作成された学習計画と、合格までのロードマップに基づいて、大学受験に向けた学力強化を図ります。

3 基礎力強化の補講と個別指導

基礎レベルの強化が必要な生徒には、放課後や夕食後の時間に、英数中心の補講を実施。特に数学においては、授業の中で行われる確認テストで合格に満たない場合は、できるまで徹底した補講を行います。さらに、カフェテリアなどでの質疑対応の形で個別指導も行います。

4 特別講習

夏期・冬期の休業中には、中学一年から高校二年まで、特別講習を実施。中学生は国・数・英の三教科を中心に、高校一年からは五教科でそれぞれ実力別に分けた講座を開講し、実力養成を図ります。高校二年からは、春期講習会も実施し、大学受験に向けて、より強化します。

5 幸福の科学大学(仮称・設置認可申請中)への進学

二〇一五年四月開学予定の幸福の科学大学への進学を目指す生徒を対象に、推薦制度を設ける予定です。留学用英語や専門基礎の先取りなど、社会で役立つ学問の基礎を指導します。

授業の様子

詳しい内容、パンフレット、募集要項のお申し込みは下記まで。

幸福の科学学園 関西中学校・高等学校
〒520-0248
滋賀県大津市仰木の里東2-16-1
TEL.077-573-7774
FAX.077-573-7775
[公式サイト]
www.kansai.happy-science.ac.jp
[お問い合わせ]
info-kansai@happy-science.ac.jp

幸福の科学学園 中学校・高等学校
〒329-3434
栃木県那須郡那須町梁瀬 487-1
TEL.0287-75-7777
FAX.0287-75-7779
[公式サイト]
www.happy-science.ac.jp
[お問い合わせ]
info-js@happy-science.ac.jp

仏法真理塾

サクセスNo.1

未来の菩薩を育て、仏国土ユートピアを目指す！

仏法真理塾「サクセスNo.1」とは

宗教法人幸福の科学による信仰教育の機関です。信仰教育・徳育にウエイトを置きつつ、将来、社会人として活躍するための学力養成にも力を注いでいます。

サクセスNo.1 東京本校（戸越精舎内）

「サクセスNo.1」のねらいには、「仏法真理と子どもの教育面での成長とを一体化させる」ということが根本にあるのです。

大川隆法総裁　御法話『サクセスNo.1』の精神」より

仏法真理塾「サクセスNo.1」の教育について

信仰教育が育む健全な心

御法話拝聴や祈願、経典の学習会などを通して、仏の子としての「正しい心」を学びます。

学業修行で学力を伸ばす

忍耐力や集中力、克己心を磨き、努力によって道を拓く喜びを体得します。

法友との交流で友情を築く

塾生同士の交流も活発です。お互いに信仰の価値観を共有するなかで、深い友情が育まれます。

●サクセスNo.1は全国に、本校・拠点・支部校を展開しています。

東京本校	TEL.03-5750-0747	FAX.03-5750-0737	
名古屋本校	TEL.052-930-6389	FAX.052-930-6390	
大阪本校	TEL.06-6271-7787	FAX.06-6271-7831	
京滋本校	TEL.075-694-1777	FAX.075-661-8864	
神戸本校	TEL.078-381-6227	FAX.078-381-6228	
西東京本校	TEL.042-643-0722	FAX.042-643-0723	
札幌本校	TEL.011-768-7734	FAX.011-768-7738	
福岡本校	TEL.092-732-7200	FAX.092-732-7110	
宇都宮本校	TEL.028-611-4780	FAX.028-611-4781	
高松本校	TEL.087-811-2775	FAX.087-821-9177	
沖縄本校	TEL.098-917-0472	FAX.098-917-0473	
広島拠点	TEL.090-4913-7771	FAX.082-533-7733	
岡山本校	TEL.086-207-2070	FAX.086-207-2033	
北陸拠点	TEL.080-3460-3754	FAX.076-464-1341	
大宮拠点	TEL.048-778-9047	FAX.048-778-9047	

全国支部校のお問い合わせは、
サクセスNo.1 東京本校（TEL. 03-5750-0747）まで。
メール info@success.irh.jp

エンゼルプランV

信仰教育をベースに、知育や創造活動も行っています。

信仰に基づいて、幼児の心を豊かに育む情操教育を行っています。また、知育や創造活動を通して、ひとりひとりの子どもの個性を大切に伸ばします。お母さんたちの心の交流の場ともなっています。

TEL 03-5750-0757 FAX 03-5750-0767
メール angel-plan-v@kofuku-no-kagaku.or.jp

ネバー・マインド

不登校の子どもたちを支援するスクール。

「ネバー・マインド」とは、幸福の科学グループの不登校児支援スクールです。「信仰教育」と「学業支援」「体力増強」を柱に、合宿をはじめとするさまざまなプログラムで、再登校へのチャレンジと、進路先の受験対策指導、生活リズムの改善、心の通う仲間づくりを応援します。

TEL 03-5750-1741 FAX 03-5750-0734
メール nevermind@happy-science.org

ユー・アー・エンゼル!（あなたは天使!）運動

障害児の不安や悩みに取り組み、ご両親を励まし、勇気づける、障害児支援のボランティア運動です。学生や経験豊富なボランティアを中心に、全国各地で、障害児向けの信仰教育を行っています。保護者向けには、交流会や、医療者・特別支援教育者による勉強会、メール相談を行っています。

TEL 03-5750-1741　FAX 03-5750-0734
メール you-are-angel@happy-science.org

シニア・プラン21

生涯反省で人生を再生・新生し、希望に満ちた生涯現役人生を生きる仏法真理道場です。週1回、開催される研修には、年齢を問わず、多くの方が参加しています。現在、全国8カ所（東京、名古屋、大阪、福岡、新潟、仙台、札幌、千葉）で開校中です。

東京校 TEL 03-6384-0778　FAX 03-6384-0779
メール senior-plan@kofuku-no-kagaku.or.jp

入会のご案内

あなたも、幸福の科学に集い、
ほんとうの幸福を
見つけてみませんか？

幸福の科学では、大川隆法総裁が説く仏法真理をもとに、「どうすれば幸福になれるのか、また、他の人を幸福にできるのか」を学び、実践しています。

入会

大川隆法総裁の教えを信じ、学ぼうとする方なら、どなたでも入会できます。入会された方には、『入会版「正心法語」』が授与されます。（入会の奉納は1,000円目安です）

ネットでも**入会**できます。詳しくは、下記URLへ。
happy-science.jp/joinus

三帰《さんき》誓願《せいがん》

仏弟子としてさらに信仰を深めたい方は、仏・法・僧の三宝への帰依を誓う「三帰誓願式」を受けることができます。三帰誓願者には、『仏説・正心法語』『祈願文①』『祈願文②』『エル・カンターレへの祈り』が授与されます。

植福《しょくふく》の会

植福は、ユートピア建設のために、自分の富を差し出す尊い布施の行為です。布施の機会として、毎月1口1,000円からお申込みいただける、「植福の会」がございます。

「植福の会」に参加された方のうちご希望の方には、幸福の科学の小冊子（毎月1回）をお送りいたします。詳しくは、下記の電話番号までお問い合わせください。

月刊「幸福の科学」

ザ・伝道

ヤング・ブッダ

ヘルメス・エンゼルズ

INFORMATION
幸福の科学サービスセンター
TEL. 03-5793-1727（受付時間 火〜金：10〜20時／土・日：10〜18時）
宗教法人 幸福の科学 公式サイト **happy-science.jp**